Manantial De Iluciones!

"!Poemas de amor para dedicarselo a tu parejas,
Poemas de amor para dedicarselo a tus padres, y
Poemas de amor y reflecion con plegraria hacia Dios!"

Rodrigo O. Martinez R.

Compre este libro en línea visitando www.trafford.com
o por correo electrónico escribiendo a orders@trafford.com

La gran mayoría de los títulos de Trafford Publishing también
están disponibles en las principales tiendas de libros en línea.

Impreso en Victoria, BC, Canadá.

ISBN: 978-1-4269-2692-1 (SC)
ISBN: 978-1-4269-2693-8 (HC)

Library of Congress Control Number: 2010901160

*Nuestra misión es ofrecer eficientemente el mejor y más exhaustivo servicio de
publicación de libros en el mundo, facilitando el éxito de cada autor. Para conocer
más acerca de cómo publicar su libro a su manera y hacerlo disponible alrededor del
mundo, visítenos en la dirección www.trafford.com*

Trafford rev. 2/9/10

 www.trafford.com

Para Norteamérica y el mundo entero
llamadas sin cargo: 1 888 232 4444 (USA & Canadá)
teléfono: 250 383 6864 ♦ fax: 812 355 4082

Manantial De Iluciones!

"!Poemas de amor para dedicarselo a tu pareja,
Poemas de amor para dedicarselo a tus padres, y
Poemas de amor y reflecion con plegraria hacia Dios!"

Indice

¡Dedicacion!

Este pequeno manantial de inspiracion esta dedicado en principal a Mi Divino Creador, a toda mi familia y amigos que de alguna manera aportaron un poquito para que de este manantial de inspiracion brotaran esas puras y tiernas frases de amor, de desecion, de alegria,de felicidad, de humildad y de paz.

Tambien mi agradecimiento infinito y especial al Supremo Creador, mi familia, amigos y a todos esos amores del pasado que son parte del presente en este pequeno pero muy grande relato de emocion que de alguna manera fueron la fuente de inspiracion para que se desbordara en mi ser el manantial del amor.

Finalmente mi dedicacion es para ti pequeno sonador de la vida que nunca pierdan la fe en su Dios por alcanzar sus suenos y metas por muy pequenas o grandes que sean mientras haya vida ahy fe y mientras ahy fe ahy esperanza!

Que El Divino Creador Los Bendiga Siempre!

Introducion

Siempre cuando era nino tenia la intucion y la inquietud de inventar o hacer algo que naciera de mi pripia inspiracion. Asi sucesivamente me imaginaba y me visaulizaba el dia que inventaba algo personal. Tras mi adolecencia tuve la fortuna de mudarme a residir en Los Estados Unidos. En el transcurso de el aprendimiento del idioma Ingles conoci a una maestro la cual nos pidio que escribieramos un poema como requisito para pasar la clase.

En ese tiempo habia una muchacha que me interasaba y obviamente habia nacido una ilusion. Yo trataba de escribir ese poema pues era el unico requisito que necesitaba para terminar y para la clase: sin embargo no me llegaba al inspiracion y a la muchacha no lograba conquistarla. Un dia me desperte aproximadamente a las 4:30 de la manana y la luz de la luna resplandecia en su maximo explendor.

Entonces pensando en la muchacha(cual fue una ilusion pasajera) y al brillo de la luna nacio la inspiracion y en aproximadamente trienta minutos mi primer poema en ingles habia surgido y obviamente termine la clase y por ciento a mi instructora le encanto.

Desde entonces entendi que gracias a Dios me dio el don de inspirarme y enlasar frases de amor, afecto, ternura, decepcion, amargura, dulzura, desilucion, y reflecion que talvez unan corazones en el laberinto del amor por medio de las iluciones.

Gracias a Dios humildemente les entrego mi libro como una inspiracion propia y con mucho amor que son bellos recuerdos e inspiraciones que nacieron metiendole mano al alma.

Rodrigo O. Martinez R.

Poemas de amor para tu pareja!

You love me

Your eyes are like two
Stars shining in the dark
I feel them shining toward me!

Because you love me,
For you I could die!

I know that you love me
You know that I love you, but
You don't know how much I miss
You when I am far away from you!

The years pass, and they don't
Come back
The most beautiful feeling is
The love, and it never will die!

Porque Me Enamore De Ti!

Porque me enamore de ti, porque
Si tu no me querias a mi. Si yo
Para ti, era parte de el juego
De tu amor espero no te reproche
Tu lindo Corazon!

La vida sin ti es muy infeliz
Pero estando contigo soy muy feliz!

El Nuevo amenecer me recuerda tu
Belleza, y el triste anochecer me
Llena de tristeza.

La nostalgia es parte de la infelicidad,
Y tu eres toda mi felicidad.

El sol es la luz de el dia,
Y tu eres toda mi alegria!

Solo Existes Tu Mi Amor!

En mi pecho y en mi alma
Solo existes tu mi amor,
Eres la rosa, que le roba
La calma a mi triste Corazon!

La ternura, la dulzura,
Y el amor tienen su significado.
Si supieras que tu vales mas que
eso corazoncito sagrado!

Si no te hubiera conocido,
A la Gloria no hubiera
Llegado, pero ohy que tu
Estas conmigo, creo que me he pasado!

Yo no soy rico para comprar
La luna y las estrellas,
Pero teniendote a ti, para
Que las quiero a todas ellas!

El Amor!

Las Penas de el Corazon
Son heridas que aveces no
Tienen sanacion!

El amor que un dia me
Diste se quedo dentro de mi.
Solo tu bello pecado eres quien
Me hizo feliz!

El amor que te tengo es
Muy grande y sincero, y por
Haber sido como angel le
Doy gracias al cielo!

El Amor De Mi Vida!

Es verdad que por pensar en
Ti, de dolar y de tristeza
Me toco sufrir!

Ni el viento, ni el tiempo
Podran borrar lo que por
Ti he sentido, y por ser
Un temeroso me quede en el
Olvido!

Tu fuiste mi primer amor
El amor de mi vida
El amor que me hizo sentir
Carino, y me enamoro como a
Un nino!

Amor yo soy culpable de mi
Tristeza. Tu solo me ofrecias
Felicidad y yo por cobardia
No te supe valorar!

Asi

Asi como las nubes se
Van desaciendo con el viento,
Asi tu amor se me ha hido olvidando!

Asi como las nubes lloran
Asi he llorado yo.
Asi como algunas dias son tristes
Asi triste he estado yo!

Asi como las plantas extranan
Al sol, asi te he extranado yo!

You Are My Life!

Not all the flowers are
Like you, but you are like all of them!

The sun and the moon light
My life, and you are the
Source who feed my heart!

The time seems to run, but
When I am next to you,
It stops!

Tu Eres!

Para que el amor venga
Hacia a ti, tu debes ir
Hacia el amor, Pero para
Que tu te metieras en mi,
No le pediste permiso a mi
Corazon!

Para escuchar a los angeles
Cantar no necesito ir hasta
El cielo, porque al escuchar
Tu Linda voz angelical te puedo
Comparar con ellos, mi cielo!

Para ganarse la Gloria
No necesito ser bueno.
Porque si fuera asi, yo
No hubiera llegado a ti, mi
Lindo anelo!

Para tener una estrella dicen
Que debo ir hasta el cielo,
Pero se que no es verdad
Porque tus hojos brillan mas
Que los luceros!

A Ti!

A ti bello manantial que
Cada dia mojas con tu
Cariño y tu voz angelical
Quiero entregarte mi vida y
Mi felicidad!

A ti tierno rocio que
Cada mañana me bañas
Con tu ternura y tu felicidad
Quiero entregarte mi cariño
Y mi amor de verdad!

A ti bella estrella que
Con tu resplandor iluminas
Hasta lo mas profundo de
Mi ser y mi Corazon, quiero
Que seas la dueña de mis noches y de mi amor!

Que Es El Amor!

El amor es un sentimiento
Sin igual porque es lo mas
Puro que no a cualquiera
Se le da!

El amor es querer y ser
Querido asi como tu y yo
Lo hemos vivido!

El amor es entregar y
Ser entregado asi como
Tu y yo nos hemos amado!

El amor es extrañar y ser
Extrañado asi te das cuenta
Si en verdad estas enamorado!

El amor es gustar y ser
Gustado asi conoces el amor
Puro y sagrado!

El amor es sinonimo de el
Cielo y la Gloria, los cuales
Eres tu mi tierna doncella!

A Ti Chiquilla Linda!

A ti chiquilla linda que
Con tu Mirada cristalina
La felicidad a mi vida ledas,
Quiero decirte que a
Dondequiera que vaya siempre
Estaras presente en mi caminar!

Con tu boquita tan bonita
Y tu voz angelical, de mi
Vida a partas la tristeza
Y me das felicidad!

Esos hojitos radiantes que
En el dia me iluminan como
Los rayos del sol, en la
Noche son dos estrellas que
Dan luz a mi alma y alegria a
Mi Corazon!

Tu sonrisa encantadora, la
Cual me hace muy feliz, cada dia
Mi alma la añora para sobrevivir!

Bella Flor!

Chiquilla preciosa parte
De mi vida y mi Corazon,
Eres tierna y bella como
Una flor!

Tu como una bella flor
Sencilla y siempre alegre,
Le das dulzura a mi alma
Y a mi mente!

Tu Ser!

En tu carita de angel llena
De passion, amor, y ternura, se
Reflejan muchas sentimientos,
Tales como la dulzura!

Tu sonrisa encantadora, la cual
Me hace inspirar, refleja a
Un angel del cielo la
Cual se funde en mi Corazon
Cada dia mas!

Tu voz angelical, me transforma
Hasta el mismo cielo. Al sumerjirse
Hasta lo mas profundo de mi corazon,
Para hacer me gritarte que te quiero!

Tus hojos cristalinos, transparentes, y
Puros como el agua de una fuente,
Se llevan mi alma hacia Dios
Para que te ame eternamente!

Tus labios tiernos y suaves
Como el petalo de una rosa,
Hacen que se refleje en ti,
La flor mas pura y hermosa!

La Estrella!

Al orilla de la mar se encontraba
Un triste plebcyo con el alma
Desolada, llorando por una bella
Flor y el alma desgarrada!

Entregando su alma al cielo
Entre las holas de el mar y
El triste anochecer, alumbro una
Bella estrella que lo hizo resplandecer!

Esa estrella hermosa, tierna, y
Florecente, lo enseno amar a ser
Amigo del amor, y enamorarse lentamente!

Esa estrella luminosa, Blanca, y
Brillante, es el sinonimo del amor,
Fue la que lo hizo siempre amarle!

Esa estrella la que es el sinonimo
De el amor, fue la que le hizo
Sentir ternura, passion, y lo llevo
Hasta el cielo y con Dios!

Triste Y sollosando!

Caminando solo por las praderas
Del desamor, encontre una bella flor
Que se robo mi alma y mi Corazon!

Triste y sollosando caminaba
Mi Corazon, pero sus petalos eran
Tan suaves como la seda, que
Aliviaron mi dolor!

Sus petalos bellos y llenos de ternura,
La dieron vida a mi alma e
Hicieron que creyera en el amor y la dulzura!

Su color brillante y luminoso, me
Ensenaron el sendero del amor y
El sentimiento mas hermoso!

Cuando Te Conoci!

Antes de conocerte no sabia lo
Que era la palabra amor de
Verdad, pero ahora veo en ti
Esa realidad!

Cuando te conoci estaba perdido en
Las veredas del desamor, pero
Al mirarte a ti linda flor, encontre
El camino de el amor!

Cuando te conoci mi Corazon estaba
Sediento de amor, pero al irte
Conociendo surgio un bello manantial
Que lo sacio de ternura y pasion!

Cuando te conoci el cielo para mi
Estaba cerrado, por ser tu un
Hermoso angelito hasta Dios me
Ha perdonado!

Si Me Duele Tu Adios!

Si me duele tu adios solo la noche
Sera mi testigo, y la luna te
Dira que no te olvido!

Si me duele tu adios nuestra
Estrella no se vera, y por ella
Sabras que mi alma triste esta!

Si me duele tu adios, no lo voy a
Gritar al viento. Aunque me muera
De amor nunca escucharas mi lamento!

Si me duele tu adios, solo sabra
El ancho mar y si por ti lloro de
Amor, ni una lagrima tu veraz!

Ni El Tiempo, Ni El Viento!

Ni el tiempo, ni el viento, ni la
Distancia apagan el ſuego
Del amor, que aun sin estar prendido
Quema a mi pobre Corazon!

Ni el sol que alumbra y quema
En el desierto fuerte y ardiente,
Se compara con el amor que mi
Triste Corazon por ti siente!

Ni la estrella mas pura, linda, y
Brillante, pueden lograr que yo
Deje de amarte!

Ni la ave mas linda que exista
Sobre la tierra, podra convencer,
A mi tierna alma que ya no te
Quiera!

Chiquilla Linda!

Eres una chiquilla linda de sonrisa
Angelical, que se ha fundido dentro
De mi alma y a mi Corazon hace
Vibrar!

Con esa tierna sonrisa que
Construye una ilucion, le das alegria
Al alma y vida al amor!

La dulzura de tu sonrisa es
Una caricia para los oidos. Es
El remedio para sanar las heridas
Que atravez del tiempo el Corazon
Ha sufrido!

La ternura de tu sonrisa es el
Sinonimo del amor que te guia
Hacia el sendero de la felicidad,
Donde perdura la esperanza del
Amor, para ser feliz hasta la eternidad!

Alejando De Tu Lado!

El dia se alega y llega el anocher
Yo me despido de tu lado y no
Ahy nada que se pueda hacer!

En mi alma estas prendida y te
Llevo en mis adentros, para dar
Alivio a las heridas que ha causado
Este separamiento!

Aunque mi alma va sollosando en el
Mar de agonia, me llevo la magia
De tus recuerdos para retornar a
Tu lado, con el amor de mi vida!

Si crees en el amor, como yo creo
En el, desde el dia que te conoci,
Ni el tiempo, ni el viento, ni el
Avismo de la distancia van a poder
Separarme de ti!

Quiero!

No quiero lastimar tu vida, ni
Tampoco tu pasion, solo quiero
Entregarte lo que para mi significa
El verdadero amor!

Transformando tu vida en mundo
De ilucion, donde mi alma abriga
A tu alma con la llama del amor!

Penetrando en tu ser y que darme
Empreñado en lo mas profundo de
Tu Rincon, acariciar la magia de tu
Sonrisa y poder tener las llaves
De tu Corazon!

Encadenados por el laberinto del
Verbo que Dios nos da, e implica
Mucho y se llama amor, quiero
Ser la fuente que alimente a tu
Alma de felicidad!

Perdon!

Perdon port us lagrimas si las hice
Derramar, perdon por no haber
Logrado que me llegaras amar!

Perdon por las heridas que cause
En tu Corazon, gracias por haber
Me hecho sentir lo que para mi
Significa el verdadero amor!

Perdon por las noches de tristeza
En medio del dolor, y gracias
Por la Gloria que le diste a
Mi triste Corazon!

Perdon por la tormenta en medio
De la tempestad, disculpame por no
Haberme Ganado un poquito de tu
Amistad!

Porque Tu!

Porque tu? Porque marcas
El principio y el fin del sendero del amor!

Porque tu? Porque atravez
De una sonrisa le hablas al amor,
Le das vida al alma y alegria al Corazon!

Porque tu? Porque iluminas la
Esperanza del amor en medio de la oscuridad!

Porque tu? Porque marcas un
Nuevo horizonte y enciendes una
Nueva ilucion!

Porque tu? Porque abrigas al alma
En mis ratos de dolor y le das alivio
Al Corazon!

Porque tu? Porque alientas ha
Emprender el vuelo del amor hacia
La felicidad para ser feliz hasta
La eternidad!

Quiero Encontrar!

Quiero encontar ha alguien que
Me brinde su ser sin temor ha perder,
Que se sepa entregar sin temor ha
Amar!

Quiero encontrar ha alguien que
Entienda del dolor y tambien del
Sufrimiento, que pueda comprender
Cuando le exprese lo que por ella siento!

Quiero encontrar ha alguien que
Ha vivido en la tristeza, la
Pobreza y el desamor, para que
Pueda apreciar la felicidad cuando
Llegue a entregarle lo que para mi
Significa el verdadero amor!

Quiero encontrar ha alguien que
Entienda de la soledad y aprecie
Las noches de amor en medio de
Sus despertares, para poder saciarme
De felicidad, al beverme los nectares
De sus flores!

Para Ti!

Para ti destello de esperanza
Que sea perdido en la añoranza
Del que no sabe amar, para que le
Das vida a mi alma y a mi Corazon
Que se axficia lentamente y no
Puede respirar!

Para ti bello lucero que noche
A noche con la majia de tus
Encantaos iluminas mi obscurecer,
Eres la duena de mi Corazon y
Sin ti no podria ver!

Para ti tierna sirueta que se ha
Calcado en lo mas profundo de mi
Ser, has formado parte de mi
Vida y te has robado mi querer!

Quiero Ser!

Quiero ser el dueno de tu amor,
La fuente que empape de ternura
A tu alma y de felicidad a tu Corazon!

Quiero ser la lagrima de alegria
Que sacie la sed de tus labios
Naciendo del manantial del amor,
Llenos de te quieros y te amos!

Quiero ser la magia que te abrigue
En el nido de mi ser y que tu me
Acaricies con tu sonrisa para poder
Gritarle al mundo que tu eres mi querer!

Quiero ser ese lucero que ilumine tu
Existir y que tu voz angelical me
Arrulle diaramente el alma y seas
La dueña de mi vivir!

Dos!

Dos amores que se alegan y con
El alma sangrando van. Dos amores
Que se alegan sin saber donde
Van agonizar!

Dos iluciones que se mueren
Y se axfician en el olvido, se
Van soyosando de dolor y con
El Corazon herido!

Dos pasiones que se apagan por
Causa del desamor, las congela
La tristeza porque emprendieron
El adios!

Dos sentimientos que se ahogan
En el mar de la desilucion, van
Remando lentamente contra viento
Y marea alejandose de lo que para
Ellos era el verdadero amor!

A Ti!

A ti niña bonita que invitas,
A vivir te has fundido en mi
Alma y te has robado mi existir!

A ti tierna flor que atravez
De el silencio le hablas al amor
Enviame una tierna sonrisa y llena
De alegria a mi triste Corazon!

A ti linda sirueta can destellos
De esperanza, solo pido a Dios
Que un dia me quieras para que
Les des vida a mi alma!

A ti tierno pecado que ataravez
De tu dulzura abrigas a la
Felicidad, prestame las plumas de tus
Alas para emprender juntos el viaje
Hacia la eternidad!

A Donde Estabas!

A donde estabas cuando el hielo
De la soledad congelaba mi
Alma, y mi Corazon sangrando
Lentamente gritaba al viento lo
Mucho que te amaba!

A donde estabas cuando mis sentimientos
Agonizaban en la tumba del olvido,
Si sabias que mi alma se axficiaba en el
Mar de los suspiros!

A donde estabas cuando mi cielo
Se tornoba totalmente nublado, si
Eras el sol que abrigaba a mi
Pobre Corazon que de ti estaba
Totalmente enamorado!

A donde estabas cuando mi lucero
No resplandecia en medio de las
Tinieblas, cuando mis noches eran
Amargas envueltas por la oscuridad!

El Privilegio del amor!

Recorer los mares de tu amor
Y acariciar las mieles de tu
Cuerpo, es un bello privilegio que se
Gana eternamente cuando se entrega
Completamente el Corazon!

Expresar un te amo de tus
Suaves labios y tu linda voz angelical
Es ua tierna caricia para el alma
Que se gana lentamente cuando se
Ama de verdad!

Con la magia de una Mirada de
Tus lindos hojos cristalinos desnudas
Lentamente a mi alma de ternura
Y de pasion, trasmitiendo ese sentimiento
Que causa entregarse en tus brazos
Eternamente el sentimiento del amor!

Atravez De Tus Luceros!

Atravez de tus luceros que resplandecen
En el anochecer, puedo ver la dulzura
De tu alma que a mi corazon hace
Enloquecer!

Atravez de tus hojos que iluminan
Mi sendero con rumbo hacia la
Felicidad, puedo ver la ternura de
Tu ser causando que mi Corazon
Se enamore cada dia mas!

Esa Magia Cristilina que reflega
Tu Mirada ha sido la causante
Que en mi alma te quedaras
Imprenada!

Esa Fuego de tus hojos que
Penetra en mis adentros, es la
Fuente del amor que me hace
Decir lo que por ti siento!

En Medio Del Olvido!

Cuando llega la noche replete de
La soledad, queda mi alma sollando
En medio del olvido, empapando a
Mi Corazon de tristeza y recondandole
Que por ti todavia sigue herido!

Se despierta el recuerdo gritando
A los cuatro vientos en medio
Del abismo, que triste es el destino
Por permitir que nuestros corazones
Se ahogaran en el egoismo!

Axficiado por la tristeza se volvio
El sufrimiento recordandome que todavia
Eres parte de mis adentros y que
Te quedaste plasmada en lo mas
Profundo de mis sentimientos!

Perturbando a mi mente y separando
A mi alma de mis sentimientos, el
Recuerdo de tu amor se reflega en
Mi ser para recalcarme que eres
Parte de mis suspiros escondidos
en mis recuerdos!

Que Tristeza!

Que triste es saber que esa
Flor que amas se ha marchitado,
Pero mas triste es saber que fue
Porque sus petalos y raices no sean
Regado!

Que triste es mirar que esa
Flor ya sea secado, pero mas
Triste es saber que cuando
Reflegaba alegria y felicidad
Sus sentimientos fueron ignorados!

Que triste es mirar que
Sus petalos de desamor se quebraron,
Pero mas triste es querer reviver
Lo que por desamor se ha causado!

Que triste es mirar que esa flor
Atravez del tiempo y del viento
Se ha terminado, pero mas triste es
Saber que por su amor otro Corazon
Ha llorado y esa flor eternamente se
Ha sepultado!

Quien eres tu!

Quien eres tu? Le pregunte a
Mi Corazon? Y me contesto ella es
El camino del amor!

Quien eres tu? Le pregunte a
Mi Pensamiento? Me contesto es un
Angel mandado por el Divino Creador
Desde el Cielo!

Quien eres tu? Le pregunte a
Mi sexton sentido? Me contesto es
El sendero del amor hacia el infinito!

Quien eres tu? Le pregunte
Al viento? Me contesto es una caricia
Para los oidos atravez de su voz!

Quien eres tu? Le pregunte a una paloma
Mensajera Que llevaba entre sus alas una
Ilucion, y me contesto ella es el laberinto
Del amor que te lleva hacia Dios!

Tu Madre!

Tu madre una flor, tu padre
Un clavel, y tu un bello boton
Que a mi alma hace florecer!

Tu madre una estrella y tu un
Hermoso lucero, que atravez de
Tus destellos reflejas un te quiero!

Tu madre una reina, tu padre
Un rey y tu una linda
Princesa que me sabe querer!

El Silencio Del Atardecer!

Cuando el silencio de la tarde
Se funde en el echo del anochecer,
Viene tu recuerdo a mi mente y
Mi alma por ti empieza a entristecer!

Al centirme atrapado en lo profundo
De la soledad, grito al mundo que
Te amo y que sin ti no puedo estar!

Congelada mi alma de tristeza y
De dolor, elevo mis hojos al cielo
Y me pregunto que debo hacer para
Poder cobigarme con el fuego de tu
Amor!

Agonizando de tristeza porque no
Te puedo ver, veo el reflejo de tus
Hojos en un lucero y expreso que
Tu eres mi querer!

Ven!

Ven a quitarme esta condena
Que en lo mas profundo de mi
Ser aun sin sentirlo me quema!

Ven a salvarme de este abismo
Que sin tu manantial del amor, mi
Corazon no es el mismo!

Ven a expresarme un te quiero
Porque sin ti siento que me muero!

Ven a liberarme de la selda del
Castigo pues sin ti mi alma esta
Triste y agoniza lentamente en el
Olvido!

Ven a curar las heridas que tu
Partida me ha dejado, y limpiar
Las lagrimas de sangre que mi
Corazon ha derramado!

Eres!

Eres esa huella invorable calcada
En lo mas profundo de mi Corazon,
Guardada en el vaul de los recuerdos
Donde perdura para siempre el verdadero
Amor!

Eres ese ayer que perdura en el
Presente, eres esa ilucion que no
Se borra de mi mente!

Eres ese principio que no tiene
Fin, eres ese lucero que alumbra
A mi existir!

Eres esa luz que las tinieblas
No ha podido apagar, eres ese
Amor que nunca el tiempo podra borrar!

Eres la magia que se quedo encendida,
Eres el paraiso del amor donde se fundio
Mi vida!

Gracias!

Por las bendiciones de tu amor!
Por cada dia entregarme tu Corazon!

Por esa sonrisa que es parte de
Mi vivir y que lentamente, se ha
Robado mi existir!

Por erizar mi piel atravez de tus
Besos con sabor a miel!

Por elevarme a la Gloria con la
Magia de tu amor y por sanar las
Heridas que le causaban a mi alma dolor!

Gracias por existir y por brindarle
Alegria a mi vivir!

Regresa!

Regresa a curar las heridas que ha
Dejado tu partida, ven a curar el
Dolor con la majia de tu alegria!

Regresa a llenar el vacio que se ha
Quedado en mi adentro, y aliviar
Las heridas que me causan este tormento!

Regresa a borrar la amargura de mi
Vida y mi pensamiento y perdona el
Pecado de aberte perdido que me
Ha dejado sin aliento!

Regresa a calmar esta soledad que cala
Hasta lo mas profundo de mi ser,
Hasta hacerme gritarte que te amo,
Y para siempre tuyo quiero ser!

Regresa abrigar a mi alma con tu calor,
Para calmar el frio ardiente que ha
Penetrado hasta lo mas hondo del Corazon!

Tributo A Joan Sebastian!

Entre las mariposas se encuentra
Una rosa que veinte cuatro
Horas adorna en mi vida el
Camino del amor!

Aunque esa rosa ha naufragado en
Un manantial de llanto, no ha perdido
Su encanto y ha sido mi secreto de
Amor!

Sin temor al dolor esa rosa ha
Sido la envidia porque en su
Sonrisa atravez del viento me manda
Una caricia que ni el tiempo ni la
Brisa pueden apagar!

Aun sin darse cuenta que en mi
Corazon habia un vacante, ha sembrado en
Mi alma la semilla del amor, donde
Nacio la alegria para poder volar
Mas alto que las aguilas y viajar
Mas halla del sol!

Atravez Del Tiempo!

Atravez del tiempo surgio una ilucion
De un amor que no es en silencio
Y traspasa hasta lo mas profundo
De mi Corazon!

Tampoco es una ilucion pasajera
Que nace al terminar el invierno y
Culmina cuando se muere la primavera!

Es una ilucion alimentada de la
Esperanza del amor, navegando en
Un mar de rechazo que naufraga
Ha enfrentarse al dolor!

Aunque esa ilucion naufraga perdida
En el mar del sufrimiento, Dios es testigo
Que en mi alma siempre seras mi
Gran amor secreto!

Prestame Tu Halas!

Prestame tus halas para poder
Volar por las praderas de tu
Corazon y poder refugiarme en el
Nido de tu amor!

Regalame tus luceros e ilumina
Las tinieblas de tu adios, y enciende
La alegria de mi alma con tus
Destellos de passion!

Mandame una caricia atravez del viento
Para sanar esta herida con lo sutil
De tu voz, hazme sentir que me amas
Porque muy cruel es este dolor!

Dejame ser el ladron de tu sonrisa
Angelical, que tu sonrisa angelical es
La alegria para borrar de mi alma la soledad!

Ayer!

Ayer sentia que el alma me ardia
De desilucion, preguntando me en que
Habia fallado si todo lo que te daba
Era mi amor!

Ayer, me dejaste triste en la senda
Del olvido, buscando la manera de
Curar las heridas de este Corazon herido!

Ayer grite al vacio con el alma
Desgarrada, queria que supieras que
En mi Corazon dejaste una daga clavada!

Mas Alla De Tus Desprecios!

Mas alla de mi ser y tus desprecios
De desamor, eres la flor que alegra
Mi gardin y el sol que me llena de calor!

Sin importar que otra estrella ilumine
Tus noches, tu te empranaste en mi
Vivir, apesar de tus reproches!

Aunque tu Corazon este recorriendo
Otro horizonte, tu vives dentro de
Mi y te has fundido en lo mas
Profundo de mi mente!

No obstante del abismo que forma las
Barreras dentro de tu alma, eres la
Luz que alumbra a mi existir y la
Tierna ilucion que me llena de calma!

Lo Que Siento Por Ti!

No es facil entender el pensamiento,
Pero si estoy seguro de lo que por ti siento!

Si te pudiera mentir guardaria mi
Secreto en el vacio del silencio,
Callaria mis sentimientos, y le ordenaria
A mi mente ahogar mis emociones en el
Abismo de la nada, pero mi alma grita al
Infinito que te ama y de ti esta enamorada!

Pudiera axficiar mis sentimientos dejando
Que mi alma lentamente se funda en
El mar de la desilucion, pero es mas facil
Decir "Te Amo" y confesarte que
Tu Mirada es la ladrona de mi Corazon!

En cada Segundo que existe entre mi
Sentimiento y pensamiento eres mi presente,
Un presente que permanence en el futuro
Y que vivira dentro de mi eternamente!

Cabalgando En Los Senderos Del Desamor!

Cabalgando en los senderos del desamor,
Me encontre con la majia de tu lindo
Corazon!

Mas llevando una espina clavada en lo
Mas profundo de mi ser, con el abrigo
De tu amor he aprendido el significado
De lo que es querer!

Fue lo tierno de tu sonrisa que destello
Mil brisas de ternura en medio de mi
Soledad, reflejando a mi existir que eres el
Sinonimo de la felicidad!

Pues aun sin saberlo has volado por los
Cielos del amor para formar tu nido en
Lo mas adentro de mi alma, hasta poder
Expresarte un "TE AMO" y regresarle a
Mi vida la calma!

Vuela!

Vuela gabiota y hojala que en tu
Vuelo no tengas un desamor, ni te
Encuentres una derrota que te cause dolor!

Que tu vuelo transcienda ha otros cielos
Y encuentres nuevos senderos donde perdure
La alegria, la dicha, y el amor!

Si al ir volando otros praderas atravesaras
Una turbulencia de desilucion, manten
Tus alas firmes para que no sea
Lastimado tu tierno Corazon!

Y cuando llegue el ocaso del atardecer
Cuida que tu vuelo no valla a descender!

Quizas tus alas luscan agobiadas de dolor
O talvez las sientas fatigadas continua
Tu vuelo hasta que resplandesca un nuveo
Amanecer, o una nueva alborada!

Tributo A Marco A. Solis!

No creo que lo nuestro sea una
Fantasia que empieza al llegar la
Noche, y termina cuando renace el dia!

Eres mi mayor necesidad lo confieso
Porque se que siempre te amare
Y quiero vivir encadenado a ti, luchar
Contra viento y marea pues mi deseo
Es poder tenerte hasta la eternidad
Junto a mi!

Si tu te fueras de mi talvez momiria al
Comprender que fuiste tan mala al marcharte
Y no me ensenaste como dejar de amarte, o
Quiza solo existiria en mi, recuerdos, tristeza,
Y soledad, y al acordarme de ti mi Corazon
Le diria a mi alma que tu eres mi eterna
Felicidad!

O problablemente lloraria si tu te fueras
De mi, entenderia que solo una vez te
Tuve y para siempre te perdi!

Al sentirme solitario, yo sin ti me tocaria
Inventarte y vivir un amor en silencio y
Quizas cuando te acuerdes de mi preguntes
Donde estara mi primavera y entonces
Entenderas que lo nuestro no fue una ilucion
Pasajera!

Se escucharia en mis adentros necesito una
Companera que ilumine mi vivir, a lo
Mejor mi Corazon todavia dija necesito mas
De ti!
De verdad es triste imaginar que te
Marches de mi lado, me volviera loco
Por ti imaginando a donde vas, o pensando
Si el dia de manana regresaras!

Por bien de los dos, si me quieres como
Yo te quiero a ti, no permitas   que lo
Nuestro sea una ironia y que culmine en
Un adios, deja que hable tu silencio y
Que Dios bendiga para siempre nuestro amor!

En Esta Navidad!

En esta navidad mi alma es immune
A la nostalgia de tu ausencia, pues el frio
Cala en lo mas profundo de mi ser, siendo
Necesario el calor de tu presencia, para
Poderlo contener!

Tratando de mitigar el frio que dejo tu
Triste adios en esta Navidad, elevo mi
Mirada hacia el cielo y deseo que encuentres
Siempre la dicha y la felicidad!

Al mirar el resplandor que proyectan los
Luceros me recuerdan la majia de tu Mirada
Destellando mil te quieros!

Aunque las lucecitas del arbolito navideno
Reflejan el brillo de tu Mirada y me encuentre
Rodeado de dicha y alegria, solo tu bello
Recuerdo en esta soledad me hace compania!

Siendo una noche de regocijo, mi Corazon
Esta vestido de tristeza en lo agonia del
Dolor, brindo para que incesante brille
En ti la esperanza del amor!

Al culminar la Navidad y al relumbrar
El alborada, mi espiritu agonize perdido
En medio de la nada!

Con amor, ni el sufrimiento es dolor!

Una Pagina En Mi Vida!

Abriste en mi vida una pagina
Nueva en el diario libro de lo mas
Profundo en mi Corazon!

Y en el diario oguear en tu
Revisar, a mi alma le escribias
Frases de felicidad!

Mas la tinta de tu ser redacto
Frases invorables mas alla de
Mi querer!

Y en cada frase de mi ser que tu
Vida me calcaba, fueron huellas de
Amor que a mi pagina la amargura
Le borraban!

Con tu Mirada sacaste el libro
De mi alma olvidada y con el
Perfume de tu piel limpiaste las
Tristes frases que se escribieron
En el ayer!

Al Deslumbrar De Tu Mirada!

Al deslumbrar de tu Mirada de amor,
Mi alma se fundio perdida entre la
Nada, esperando sentir de tus hojos el calor!

Aunque en dias de soledad a mi ser
Cale el frio, brota desde el fondo del
Vacio, el fuego de tu Mirada, abrigando
De ternura y felicidad a mi alma enomarada!

Mas al reflego de tus hojos cristalinos
Se impreno tu tierna Mirada en mi mente,
Hasta ser parte de mi vida en el ayer,
En el futuro, y en mi presente!

Y en cada destello de tu triste Mirada
Formas en mi ser una ilucion, que
Ilumina hasta el fondo de mi alma
Y hasta lo mas profundo de mi Corazon!

En Cada Gota De Mi Sangre!

En cada gota de mi sangre, de mi
Tristeza el silencio hace alarde!

Y como pañuelo la soledad es mi
Consuelo, mas en cada gota derramada,
Mi alma de dolor se ve axficiada!

Al sentirse sumergida en el manantial
Del desamor, la felicidad se volca mi
Enemiga de mi pobre Corazon!

Sin cesar el sufrimiento que desangra
En mis adentros, mi Corazon exclama
Que el hecho de estar sin tu presencia
Es en mi vida la peor de mis sentencia!

Mi Amor Hacia Ti!

Mi amor hacia ti es sin limitacion,
Porque se reflega en todo el universe
Y mas alla del sol!

Se destella en mis hojos atravez de
Mi Mirada y rezona en el cielo
Cuando mi alma lo exclama!

Es un bello sentimiento que broto de un
Sueno donde florecio una ilucion,
Que mas alla de otros horizontes le
Brindara alegria y felicidad a mi
Triste Corazon!

Mas entre mi sentir y tu ser no existen
Abismos mucho menos fronteras, pues
Los une el laberinto del amor,
Derrumbando las barreras!

No Te Imaginas Lo Que Siento Por Ti!

No te imaginas lo que siento por ti,
Si te imaginaras mitigarias mi
Sufrimiento y estarias junto a mi!

Pues con el frio de la madrugada me
Invade la desolacion, al darme cuenta
Que de mi te has marchado y tu eres
Mi verdadero amor!

Se que no sientes la herida que
Me causa el vacio de tu ausencia,
Si lo sintieras curarias mis heridas
Y ningun segundo me aislarias de
Tu presencia!

Mi vida sin tu presencia se volca
Incopleto y cuando llega el amanecer
El tormento de estar sin tu querer mi
Mundo es obsoleto!

Respuesta Al Silencio!

El silencio me pregunto que hacia
Ti cuales eran mis intenciones y mi
Corazon le contesto que formale un
Mundo lleno de iluciones!

Y que tu bella sonrisa plasme un
Recuerdo en lo mas profundo de mi
Ser, donde ni el viento ni el tiemo ni
La eternidad logren desvanecer!

Donde en cada caricia se exprese
Un te amo y donde tu Mirada me
Implique no te apartes de mi lado!

Donde la majia de tu Mirada se refleje
En el brillo de un lucero y al arrivo
Del amanecer me exprese un te quiero!

Donde nuestras almas se unan por un
Mismo sentimiento y que atravez de mis
Hojos se refleje el amor que por ti siento!

Donde al rose de tus labios se mitigue
La sed de mi amor, y al renacer del anochecer
Formemos nuestro mundo de ilucion!

Al erizar de tu piel de alegria tu Corazon
Empieze a enloquecer!

Que al entrego de nuestro amor se volque en
Las mas bello de nuestra historia, al recorder
Las noches de felicidad que te elevaban a la
Gloria!

El Orgullo!

Nunca pense que un abismo nos
Distanciara mucho menos que tu
Orgullo de metal nos separa!

Fue iluso el soñar que mi amor
A tu orgullo exfumaria, pero mas
Tonto el pensar que la llave de
Tu Corazon para siempre las tendria!

Que el orgullo de tu ser sea la guia
Que te lleve por el sendero del
Amor, y que eventualmente floresca
En tu alma de alegria una ilucion!

Y en el jardin de tu Corazon
De orgullo brote mil te quieros,
Para que eternamente floresca
Un amor puro, tierno, y sincero!

Olvidarte Nunca!

Sin Pensar Te Hice Daño!

Sin pensar te hice dano
Amandote con todo mi Corazon,
Mas por dentro estaba sangrando
Lagrimas de desilucion!

Mas grande fue mi inseguridad que te
Causaba un sufrimiento y en los noches
De soledad mi compañia era mi lamento!

He sido un cobarde por embriagar
A tu ser de dolor, pero es
Muy triste comprender que de tu
Gloria no merezco el perdon!

Nunca imagine que mi espada te
Hiera tanto, lo cruel fue el hogar
A tus tiernos hojos en un mar de
Llanto!

Tus Prediciones!

Predeciste mi destino que la flor
De mi jardin se marchitaria, sin
Pensar que en mi camino un Nuevo
Boton en mi eden renaceria!

Te fallaron tus prediciones y
Te ahogaste en el dolor, mas
Detras de mi sufrimiento vencio
La esperanza del amor!

Pues mi estrella fue exfumada
Por tu mal conportamiento, y
Mi alma fue sanada del mar
De tu tormento!

Fueron falsas tus prediciones
Al presagiar lo peor de mi,
Pero se me habrieron las puertas
Del amor desde el momento que
Te perdi!

Que Te Marchas De Mi Vida!

Que te marchas de mi vida
Espero y sea para siempre
Y no dejes ensencida la
Esperanza de algun dia tenerte!

Pues he sido un loco emperdernido
Envuelto en el amor, y termino mi
Corazon herido cobigado por el dolor!

Mas sera un viaje sin regreso
Acompanado de la desilucion, y mi
Ser se quedo estancado en la
Senda del olvido en medio de la
Desolacion!

Que en esta despedida me exfumes
De tu mente, aunque quede mi alma
Herida deseo que encuentres la
Felicidad para siempre!

Podria Pensar!

Podria pensar que a mi lado
Regresarias, pude imaginar que
Nuestras almas en amor se unirian!

Podria jurar que te ame con locura,
Pude sentir que en nuestro amor
Florecia la ternura!

Aun sin tu presencia nuestras almas
Se acariciaban, atravez
Del aroma de nuestra essencia
Apesar que un abismo los distanciaba!

Porque aunque extraña lo lindo
De tu ser, podia mirar tu belleza
En el lucero que brillaba cuando
Llegaba el anocher!

Pues solo quiero brindarte de mi
Vida el ultimo adios, te fundiste
En lo mas profundo de mi alma
Apesar de haber herido mi Corazon!

Le Pregunte Al Viento!

Le pregunto al viento que secreto
Del amor encierra el silencio
De tu Corazon!

Porque en el vacio de la nada,
Se pierda en el ocaso la magia
De tu Mirada!

Mas al expresar una sonrisa del
Mar despierta la brisa y lo dulce
De tu voz causa que mi piel se
Heriza!

Y la alegria de tu ser con
Lo tierno de tu sonrisa exfuma
La tristeza de mi alma en mi
Triste anocher!

Pues en el oasis de tu pensamiento
Se ahoga de dolor mis lamentos en
La esperanza del amor, sin dejar
Huella ni pedir perdon!

Que Te Ofrezco!

Y que te ofrece mi Corazon, una
Lagrima de alegria o una lagrima
De desilucion!

Y que te brinda mi alma, una
Fuente de angustia o un manantial
De calma!

Y que te regelan mis labios, las
Palabras hirientes de desamor, o
Unos besos llenos de ternura y de pasion!

Y que prefieres de mi, que me
Exfume de tus brazos, o que
Permanezca para siempre
Junto a ti!

Y que te transmite mi pensamiento,
Un desprecio o un te amo en un
Susurro del viento!

Y que te refleja mi Mirada, que nos
Dijamos un adios o que nos perdamos
De amor en medio de la nada!

Hablo Mi Ser!

De lo mas profundo de mi ser
Perdido entre la nada nacio un
Te amo, y al entender cuanto era
Mi querer mi Corazon grito que te
Extraño!

Pues naufragaba mis sentimientos en
El mar de la desolacion, me
Reprochaba el pensamiento por haber
Herido un verdadero amor!

La soledad era mi amiga que
Mitigaba el sufrimiento, y mi alma
Me sugeria que tu eres el alivio
De mi tormento!

La desolacion se burlaba al ver mi
Triste vivir, y el viento me expreso
Que se marcho la razon de mi existir!

Sin embargo la fe me animo al
Mirarme sin tu presencia, en su
Mirada me reflega mientras ahy vida
Ahy esperanza y me recordo que solo
La muerte es ausencia!

Fue Mi Error!

Fue mi error por haberme mentido,
Y el peor de mis fracasos por
Meterme a lo proihibido!

Pues mi Corazon de amor ha sufrido
Y de desilucion se encuentra herido!

En el mar de la desolacion mi alma
Sea fundido, por seguir una ilucion
Quedo mi ser en el olvido!

No Sea Terminado!

No sea terminado una illusion porque gracias a tu
Adios sean abierto las puertas de otro Corazon!

Ni tampoco sea hundido mi ser en el mar de la
Decepcion sin pensarlo llego a mi vida un Nuevo
Sendero del amor!

Mas pensaste que mi alma se exparceria por ti de
Dolor, sin imaginar que otra flor adornaria mi jardin
Mucho mejor!

Seria una mentira negar que estaba herido por
Nuestra separacion, pero como un rayo de esperanza
Una paloma en su nido curo mi desilucion!

Que la soledad sea tu enamiga para siempre y que
La dicha, la alegria, y la felicidad te acompañen
Eternamente!

Con amor hasta donde queria que te encuentres!

No Soy Un Perdedor!

No soy un perdedor porque con tu partida gane la
Libertad en el camino del amor!

No soy un perdedor por haberme dejado en el olvido
Pues a mi victoria llego un angel que me curo mi
Pobre Corazon herido!

No soy un perdedor aunque me has desgarrado mi
Corazon, cuando te fuiste una princesa sembreo en mi
Alma una nueva illusion!

No soy un perdedor apesar de quedarme sin tu
Presencia perdido en la nada, porque en medio de las
Tinieblas nacio del amor una llamarada!

No Te Has hido!

No te has hido de mi vida porque en cada latido de mi
Corazon tu recuerdo esta presente aunque nos dijimos
Un adios ni un Segundo te apartas de mi mente!

Y el aroma de tu ser en cada respiro de mi Corazon se
Quedo impregnada, transcurriran los siglos y mi alma
De ti vivira enamorada!

Porque el echo de tu sonrisa angelical dia a dia
Acaricia mis oidos, recalcando a mi vida que todavia
No eres parte del olvido!

Pues en cada beso que nos dimos te exprese un te
Amo lleno de amor y ternura, y mis labios me
Reclaman que neceistan de tu besos para no morir
De tristeza en el mar de la amargura!

Mas al llegar del anochecer el destello de tus hojos se
Reflejan en un lucero, recordandome cuando atravez
De tu Mirada me decias un te quiero!

Nunca Imagine Poder Olvidarte!

Nunca imagine el poder olvidarte, nunca pense de mi
Vida arrancarte!

Mas en medio del tormento, mi barca naufragaba
Envuelto de la tempestad ella fue mi angel que me libro
De la oscuridad!

Dios mi Consuelo en mis noches de soledad, y mi guia
Para arribar al sendero de la felicidad!

Porque Sufro Por Ti!

Porque sufro tanto por ti le pregunte a mi Corazon
Sera porque en cada beso nacio una illusion!

Porque brotan lagrimas de sangre por ti, porque cada
Vez que nos besamos a la Gloria elevavas mi existir!

Porque al pensar en ti la tristeza invadia a mi ser
Porque cada ocasion que haciamos el amor a
Mi piel hacias extremecer!

Porque tu recuerdo inunda a mi alma de soledad sera
Porque nuestras almas Vivian en mundo de dicha y
felicidad!

Porque el echo de tu voz me hiere como si no fueras
Parte del olvido, sera porque tu voz es una caricia
Angelical para mis oidos!

Que Eres Para Mi!

Con un beso de tus tiernos labios a la Gloria me elevarias
Pero sin ti de tristeza moriria!

Y sin la dulzura de tu sonrisa angelical mi vida sera
Un tormento mas con la majia de tu Mirada mitigas
Mi lamento!

En la ternura de tu ser de felicidad a mi alma haces
Extremecer!

Porque el estar sin tus te amos es como un naufragar
En la mar a la deriva, pero al sentir tus caricias es el
Salvavidas para mi vida!

Que soy!

Que soy un perdedor porque con tu partida me gane
El sendero del amor!

Que soy un sentimental por llorar tu partida si las
Lagrimas son el remedio para sanar de mi alma la
Herida!

Que soy un triste, solo, e ignorante, solo por borrar tu
Recuerdo y de mi vida para siempre exfumarte!

Que soy un infantil que no sabe amar porque por
Otro cielo mis sentimientos volvieron a volar!

Que soy un cobarde con miedo a enfrentarme a la
Vida, pues gracias a Dios he elevado mi vuelo
Apesar de mi caida!

Viviras Mejor Sin Mi!

Cuando añores mis besos de hiel de tu gran amor
Recibiras besos de miel y cuando ancies una caricia de
Desamor de tu Nuevo amor brotara una illusion!

Mas aun cuando decies un poema tierno y sincero de tu
Nuevo amor naceran frases de que expresen un te quiero.

Pues al recorder mis reproches de desilucion de tu gran
Amor naceran dulzura y pasion!

Y aunque las noches de nostalgia te envuelva mis reclamos de
Amargura tu nuevo amor abrijara a tu alma de ternura!

Siendo las noches de soledad de mis recuerdos el mas triste
Tu nuevo amor las exfumara al recorder la primera vez
Que lo conociste!

Haciendo inventario de nuestra historia de amor, realizaras que tu
Gran amor sin duda es mucho mejor!

Entonces entenderas que te tuve y te perdi, y que en el sendero del
Amor te hira major sin mi!

Tu Eres Mi Angel!

Tu eres mi angel que me lleva hasta el cielo, tu eres el
Angel que eleva mi vuelo!

Tu eres mi angel porque a mi ser la llenaste de ilusion,
Y de felicidad a la Gloria llevasta a mi Corazon!

Tu eres mi angel pues con un destello en la majia de
Un lucero en nuestro paraiso reflejaste un te quiero!

Tu eres mi angel que con su tierna sonrisa me ha salvado
Del pecado y con un te amo a mi alma a liverado!

Tu Vuelo!

Que tristeza el recordar que de mi nido partiste mas
Que ironia al ver que con tus alas rotas volviste!

Pues te deje volar con mi alma destroza sin imaginar
Que otra paloma a mi nido calentara!

Creyendo que de mi vida eternamente te exfumarias
Al elevar tu vuelo, y lo ironico de tu existir es ver que
Regresaste con tu Corazon lleno de duelo!

Pues llore tu partir con lagrimas de sangre
Decepcionante fue mirar tus alas rotas por causa
De las picos de un gavillan cobarde!

Mas deseo que en tu cielo Dios bendiga tu vuelo en
El volar de tu vida, y que Dios te de el remedio para
Curar las heridas causadas por tu partida!

Una Espada!

Una palabra fue la espada que desgarro tu Corazon,
Y un te amo fue el remedio para darle sanacion!

Mas nunca pense que fuera desangrado de dolor,
Pero triste quede al verse immune a mis palabras
De amor!

Crei que un te adoro curararia tu decepcion,
Sin pensar que otro seria el parche aliviaria tu
Desolacion!

Quiero Decirte!

Siendo sincero quiero decirte que has despertado en mi
Una nueva illusion y lentamete te has robado las
Llaves de mi Corazon!

Y con la sinceridad en mis manos no debo callar lo
Mucho que te extraño!

Pues seria un desapersivido el permitir que tu sonrisa
Angelical se pierda entre la nada si es la causa que mi
Alma de ti cada dia este mas enamorada!

Mas en el centro de tu ser se destellan dos luceros
Que atravez de la majia de tu Mirada me reflejan mil
Te quieros!

En el manantial de tu ser nace el don de la ternura
Que a mi vida haces enloquecer!

Vuela siempre para alcanzar las ilusiones del amor!

Despues De Mi Despedida!

Que haces despues de mi despedida como es que
Destellas amor en cada instante de tu vida!

Como recuerdas cada momento de nuestras vidas si
El sentimiento cada Segundo en lo profundo te sangra
La herida!

Si en el vacio de nuestro arcio te cala el frio de la
Desolacion o de tristeza lloras a gritos por nuestra
Separacion!

Y al envolverte en el presente lo que fue nuestro
Sendero, de amor llega a tu mente la soledad que
De nostalgia hace sangrar tu Corazon!

El Libro Del Amor!

Quiero ser el libro del amor donde en cada letra de
Alegria se subraye una illusion!

Donde en cada pagina se escriba el diario de tu vida, y
La felicidad se refleje en cada lagrima de dicha plena
Sin medida!

Donde en cada linea se exprese un te quiero, y me
Recuerdo este lleno de amor puro y sincero!

Donde en cada espacio te recuerdo el tiempo
Dedicado para ti, y se reafirme que fuiste el
Verdadero amor en mi existir!

Donde en cada frase en mi ser estas calcada, y te
Transforme cuando nos saciamos de amor en medio
De la nada!

Donde en cada oracion, se marke las huellas de
Nuestro amor!

Y donde en cada parrafo tu esencia se quede plasmada,
Y entiendas que mi alma eternamente de ti permanecio
Enamorada!

Mi Ultimo Adios!

Hoy me marcho y como presente te regalo mi ultimo
Adios, pues como intercambio me dejaste herido mi
Corazon!

Mas deseo en la esperanza de cada amanecer, te
Brinde la sonrisa de un nuevo querer!

Y sin la nostalgia de mi existir, que tu nuevo amor
Abrigue de alegria a tu vivir!

Como despedida, que mi ausencia seran las alas en el
Volar de tu vida!

El Extrañarte!

Si el extrañarte fuera la muerte ya estaria dos metros
Bajo tierra, y si el amarte fuera invisible ya de mi nada
Existiera!

Mas si el querer besarte fuera un lamento, mi vida
Seria un tormento!

Y si el tenerte siempre en mi mente fuera un pecado,
Te aseguro que ya estuviera condenado!

Aunque si el llorar por ti redimiera mis pecados y
Naciera tan solo un te quiero, lo juro por mi vida
Que ya me hubiera Ganado el cielo!

Le dije a mi Corazon que si el necesitarte fuera el
Paraiso acompañado de una victoria, mi alma de
Felicidad viviria en la Gloria!

Quize Ser Tu Ladron!

Fui un ladron que quiso penetrar las barreras de tu
Corazon, y robarte para siempre una ilusion!

Pues crei que al robarte una illusion, podiamos
Eternamente ser felices en nuestro mundo de amor!

Mas iluso fue descubrir que est ladron ni tan solo tu
Piel pudo penetrar y te derramo un sufrir, lo peor fue
Descubrir que jamas en tu alma podra vivir!

Ni mis siquillosos frases lograron arrancarte un
Sentimiento de tu mente, y generarte una fuente de
Amor para tu sed de amar en el futuro y en tu
Presente!

Porque al rezonar de tu voz angelical, a mi alma hacias
Vibrar!

Marcharme De Tu Lado!

Cuando me halla marchado de tu lado y mi vuelo
Quieras regresar, talvez lagrimas de sangre habras
Derramado pero muy tarde sera!

Y al extranar mi existencia envuelta en el dolor,
Recordaras mi presencia y el fuego de mi amor!

Mas al darte cuenta de la flor que en mi perdiste,
Tu Corazon te reprochara por la herida que a mi
Alma le hiciste!

Entonces entenderas que escapo tu eden por averlo
Descuidado, y la nostalgia te condenara porque el
Para siempre te ha olvidado!

Miedo A La Realidad!

Por miedo a la realidad, tu Corazon naufrago en el mar
De la falsedad!

Y sin poder derrumbar las barreras del sufrimiento,
De dolor ahogaste en tu ser tus sentimiento!

No pensaste que en mi eden la vida tiene un sentido, y
La felicidad se alejo de ti abandoandote sola en el
Olvido!

Pues el martirio en tu amigo se convirtio, y la tristeza
Eternamente te acompaño!

Mas al verte en medio de la nada quisiste sanar tu
Herida, mas nunca imajinaste que seria la peor de tu
Caida!

No Llorare!

No llorare aunque me duela tu partida, no llorare
Apesar que me has causado una herida!

Mas iluso sera pensar que todavia me sigues amando,
Cuando mi alma brota gotas de sangre por seguirte
Adorando!

Que seas feliz en medio de mi dolor, que floresca la
Dicha sin saber que una flecha atraviesa a mi Corazon!

Pues en el manantial de felicidad tu vida siempre se
Encuentre, aunque mi alma de tristeza agonize por ti
Lentamente!

Gracias Por Todo!

Gracias por darme las halas para emprender una vez mas el viaje del amor, y por alimentar en mi vida una ilucion!

Gracias por darme la oportunidad de encontrar la felicidad, esperando que nuestras almas sean felices hasta la eternidad!

Gracias por el sentimiento que me haces sentir, y porque dia a dia eres parte de mi vivir!

Gracias por renacer an mi ser una ilucion, y porque le brindas alegria al alma y dulzura a mi Corazon!

Gracias por ser mi luz en mis dias de oscuridad, y porque tu bello recuerdo aparta de mi vida la soledad!

Gracias porque lo sutil de tu voz acaricia mi alma, y al pensar en ti le robas a mi ser la calma"!

Que el Divino Creador te de su venia bendita por siempre!

Nuestra Intimidad!

La voz de nuestro amor, hacia echo en el silencio de nuestras emociones, exclamando de nuestro ser un mundo lleno de iluciones!

Y la magia de tu Mirada entre sabanas blancas reflegaba la libertad de amarte y encadenarme a tus alas para emprender el viaje del amor y hasta en la eternidad adorarte!

Mientras tu sonrisa angelical acortaba nuestras distancias siendo el laberinto del amor, nuestras sentimientos se acercan desafiando al dolor!

Mas al rose de mi piel con lo sutil de tu piel, brotaron destellos de te quieros, que me hacian enloquecer!

Cobigado por el calor de tu piel, a mi ser haces extremecer, con tu besos de miel!

Y aun sin darte cuenta las mieles de tus labios son el oasis que apagan la passion, el deseo de tenerte,y la sed de mi amor!

En cada beso que nuestros labios se brindaron, nacio el manantial del amor que de alegria y felicidad nuestras almas se axficiaron!

Pues tus besos son huellas invorables que se plasmaron en lo mas profundo de mi Corazon y transcederan eternamente en mi pensamiento como el sinonimo del amor!

Sin mas palabras y estas humildes frases sinceras, te regalo lo que me hicriste sentir esperando sinceramente que un dia de verdad me quieras!

Al erizar de tus labios nuestros mundos se tornaban en un eden, exfumando los miedos en la nada y levantando el vuelo de nuestro querer!

Mi Nuevo Nido!

Me cortaste la rama para que explorara otro destino, y
Emprendiendo mi vuelo me encontre un Nuevo nido!

Al abrir las alas aprendi a volar y aunque tenia las alas
Rotas, otra paloma me las supo curar!

Y sin que tu lo supieras mi gorrion recorria otro
Camino, y desbordado de amor lo atrapo otro cariño!

Mas al volar por otro sendero mi paloma me guio
Hacia otra ilucion, pues cuando volaba en otro cielo
Mi gorrion sufrio de tristeza y desilucion!

Pues sus suaves plumas en mis noches de frio son mi
Abrigo, y el deseo de sentir su calor en las noches de
Pasion son mi delirio!

Si La Hice Llorar!

Si la hice llorar pues no la supe amar, y me duele
Pensar que solo la voy a recordar!

Si la hice sufrir por no quererle menterir, al no saber
De mi el Corazon yo le heri!

Mas mi punal desgarro lo tierno de su amor, y mi alma
Le lloro mi cruel desilusion!

Aunque triste la mire mi paraiso no era su eden,
Pues al abismo la envie y solo me quede!

Y donde quiera que te encuentres, que la felicidad
Floresca en tu vida para siempre!

Tus Halas!

Que tu valor sean tus halas donde vueles al
Sendero de la libertad, y eternamente
Construyas el nido de la felicidad!

Al emprender el vuelo que no se nuble tu cielo
De dolor, nit us alas sean agobiadas de sufrimiento
Antes de escalar el paraiso del amor!

Que al arrivo del eden las fraturas de tus alas
Y el sufrimiento con cariño sean curadas, y los
Recuerdos de dolor con una nueva ilucion en
Tu Corazon sean borradas!

Y la existencia en el Nuevo eden se convierta
En el regazo donde tus alas aciendan mas alto
Que las aguilas en el viaje del amor, y poder
Llegar mas alla del infinito y muy cerca del
Divino Creador!

Hoy Sangra Mi Corazon!

Hoy sangra el Corazon y no existe venda que lo
Pueda cesar, pues el desamor ha herido sus venas
Y se extinguio la medicina que lo debia curar!

La causa fue el nacimiento de un Te Amo en medio
De un oasis de amor, se enamoro sin presagiar que
Sufriria un desangranmiento de desilucion!

Solo gotas de desamor fluyen en lo mas profundo de
Mi ser, y aunque mi vida se exfume como el viento ya
Nada se puede hacer!

Mas en cada gota de mi sangre una huella de amor se
Queda calcada, mientras mi alma en medio del olvido
Fallece desangrada!

Que Fuiste Para Mi!

Fuiste la ilucion que en mis adentros florencia
A mi existir, y el manantial que saciaba la sed
De mi vivir!

El abrigo que cobigaba a mi piel del frio en la
Desolacion, el Consuelo que aliviaba mi pena
En medio de la desilucion!

El sol que ilumina mi dia en mis despertares,
El lucero que en mi sendero destellaba mis
Pesares!

La luna que en la oscuridad iluminaba mi caminar,
La estrella que a mi alma le brindaba felicidad!

El aire que con susuro me arrullaba, las alas con
Que mi vuelo se elevaba!

El cielo donde volaban mis iluciones, fuego que
En mi vida encendia mis pasiones!

La fuente del amor, la alegria, y ternura que
Alimenta a mi Corazon,

La esperanza del futuro que vivia en el presente,
La muerte del dolor para poder vivir feliz eternamente!

Al Expirar Del Corazon!

Al expirar del Corazon, agoniza mi vida
En medio de tristeza y desilucion!

Mas al grito del llanto brota una lagrima
De dolor, por el ser amado que brindo una
Caricia de amor!

Sin entender el sufrimiento ni acostumbrarse
A la despedida, un vacio y un tormento que a
Mi ser llevan a la deriva!

Aunque fisicamente viajaras hacia otro universo,
Mi esperanza y fe florecen en mis adentros,
Y espiritualmente viviras eternamente junto
A mi atravez de tus bellos recuerdos!

Mi Regalo De Navidad!

Que en esta navidad mi regalo sea
Tu libertad de emprender el viaje
Hacia la felicidad!

En cada una de las memorias de tu
Recordar, tu espiritu se enviagre de
Alegria y fraternidad!

Y cada uno de los recuerdos sea
Un lucero, que de esperanza illumine
A tu mente, guiando tu vida por el
Sendero del amor que perdure eternamente!

Mas al agonizar de la navidad que tu alma
De regocigo se volque envriagada, al ver que
La soledad es tu enemiga y emocionalmente
Sean distanciada!

Al mirar hacia el cielo que en cada destello,
De amor se refleje un te quiero!

Feliz Navidad!

Gracias Por Tus Halas!

Te regalo estas pequenas pero muy humildes frases con mucho amor y sencillez. Es un sentimiento que nacio dentro de mi pensando en ti que no son mas que parte de mi inspiracion de lo que haces sentir a mi corazon!

"Gracias por darme las halas para emprender una vez mas el viaje del amor, y por alimentar en mi vida una ilucion!

Gracias por darme la oportunidad de encontrar la felicidad, esperando que nuestras almas sean felices hasta la eternidad!

Gracias por el sentimiento que me haces sentir, y porque dia a dia eres parte de mi vivir!

Gracias por renacer an mi ser una ilucion, y porque le brindas alegria al alma y dulzura a mi Corazon!

Gracias por ser mi luz en mis dias de oscuridad y porque tu bello recuerdo aparta de mi vida la soledad!

Gracias porque lo sutil de tu voz acaricia mi alma y al pensar en ti le robas a mi ser la calma"!

Que el Divino Creador te de su venia bendita por siempre!

Las Espinas De Rosal!

Las espinas de tu rosal cejaron
Las hojos de mi amor, y sangraron
Hasta lo mas adentro de mi Corazon!

El vertiente que broto de tus
Espinas puntiagudas a mis petalos
Rasgo y en mi ser la duda sembro!

Fue tanto el veneno que tus espinas
A mi clavel le injectaron, pues
En el jardin del olvido para
Siempre lo dejaron!

Apaga Las Llamas!

Apaga estas llamas que queman
En lo mas profundo de mi ser,
Con un tierno suspiro de tu amor,
Que a mi adentros hace extremer!

Sacia a mi infita sed de felicidad,
Con las gotas de ternura que brotan
De tu tierno manantial!

Retira de mi pecho esta axficion,
Si no quieres que la ausencia de
Tus besos ahoguen lentamente a
Mi triste Corazon!

Abriga a mi alma con lo calido
De tu passion, y no permitas que
El frio de tu olvido congele
El amor que un dia por ti nacio!

En El Recuerdo Del Ayer!

En el recuerodo del ayer sea
Marchado mi querer y sin
Pensar que ho hiba a volver
Deje volar lo que queria!

Pues tarde fue cuando me entere
Que para siempre se exfumo mi
Vida!

Mas mi Corazon me reprocho
Ya no resistia el dolor de haberte
Perdido, y como castigo el desamor
Acompano a mi Corazon herido!

Y en la agonia del adios, la soledad
Me recordo que el amor es entre
Dos y mi alma se quedo varado en
El recuerdo de tu amor!

Mentir!

Me preguntaron tus labios que
Si he llorado por ti, con un mar
De lagrimas en mis adentros
Yo les fingui un sonreir!

Cuando se destello mi sonrisa
De mi alma faltaba la brisa del
Amor, y no pude ocultar que en
Mi silencio tu eres la duena de
Mi Corazon!

Se reflego en mi Mirada, dias
De soledad, mas perdido entre
La nada dijo que tu eres mi
Felicidad!

Y brisaron sentimientos atravez
De mi Mirada, pues mi alma no
Pudo finguir que de ti esta
Enamorada!

Que Me Consideras!

Talvez me consideras un ladron,
Por querer robarme las llaves de
Tu Corazon!

Quizas me consideras una espia,
Pero no te has dado cuenta que
Tu Mirada se ha robado la vida
Mia!

Mas solo quiero tener tus caricias
Con un poco de tu amor y con lo
Suave de tu ternura dia a dia
Construir una ilucion!

Poemas de amor para los padres

Gracias Madre Mia!

Por cada una de tus caricias
Cobigadas de ternura, amor, y felicidad,
Gracias Madre mia por ayudarme
En mis pesares y en mis noches de
Soledad!

Por ser la fuente de vida y
El sinonimo del amor, gracias
Ha Dios le doy, porque nos has
Ensenado la humildad y hablar con
El corazon!

Por derramar una lagrima en medio
Del sufrimiento y brindar el perdon,
Curaste mis heridas sin importr
Como soy!

Por compartir tus alegrias y ocultar
La tristeza en medio del desamor
Para ensenarme a amar atravez del
Dolor, gracias Madre mia por existir,
Gracias por darle un rayito de luz
A mi vivir!

Una Madre!

Una madre es vida y vida es
Lo que tu me has dado, agradecido
Estoy con Dios de tenerte en espiritu
Y alma a mi lado!

Una madre es amor y amor es lo
Que tu alma me ha brindado, un
Amor puro, tierno, y sincero que nace
De la fuente de tu Corazon y ni
El oro lo ha comprado!

Una Madre es cariño y cariño tu
Me has regalado, reflejando en tus
Suaves y amorasas caricias en los
Momentos que mas lo he necesitado!

Una madre es sinonimo de ternura
En conjunto con adoracion, y tu
Madrecita me has ensenado la
Dulzura y amar sinceramente
Desde lo mas profundo del Corazon!

Las Huellas De Los Padres!

Los pasos de los padres son invorables
Huellas de dolor, enterrados en el padecimiento
Las angustias, y sin temor ha enfrentarse al dolor!

Sin pensar en el tropiezo, ni mirar los
Antibajos que la vida les brindara, les
Dieron todo a sus hijos sin esperar,
Que algun dia se les compensara!

En el diario caminar se enfrentaron
Al tormento, disfrasandolo de amor
Para no causar a los hijos sufrimiento!

En cada paso dado una ensenanza de carino
Dejaron plasmada, pues el tiempo es el
Testigo porque en su rostro las huellas
Se quedaron marcadas!

Bendito sean mis padres por avanzar
Con pasos de firmeza, Bendito sea Dios
Que estuvo ha su lado para resistir ante
El dolor, y no doblegarse en sus momentos
De flaqueza!

Dios Bendiga sus vidas y en cada paso
De sus andares Bendiga sus caminos, pues sus
Huellas de amor, jamas se borraran ni atravez
De los siglos!

Un te amo es muy poco y gracias no es suficiente,
Para agradecerles, por la vida y las huellas
Que marcaron en memoria eternamente!

Eres Mi Madre!

Eres la guia del sendero del amor,
La fuente de la vida, y la dulzura
Del perdon!

Eres el manantial de la felicidad,
Plataforma de la alegria y sinonimo
De la humildad!

Eres la esencia de la esperanza,
El laberinto hacia a Dios, el sol que
Caliente el alma derritiendo el dolor!

Eres un nido lleno de cariño y compansion
Donde perdura la magia divina bendecida
Por El Divino Creador!

Eres mi pilar el Consuelo divino que
Alivia a mi sufrir, gracias madre mia
Por darme la vida y por ser parte
De mi vivir!

El Angel De Mama!

Tu siempre limpiaste mis lagrimas de dolor cuando
Era nino y de tu manantial saciaste mi alma de amor
Y de cariño!

Me protejiste de la maldad atravez de tu verdad y
Ensenandome a horar aprendi de tu humildad!

Pues me desolaste de mis adversarios porque eran
Mis enemigos y me acercaste a gente buena para
Que fueran mis amigos!

Y aunque me ensenaste a mis adversarios regalarles el
Perdon no querias que hirieran a mi indefenso Corazon!

Mas en mis dias de ternura y alegria, me sugeriste el
Caminar de la mano de Dios para tener en mi ser
Sabiduria!

Yo le agradezco al Divino Creador que ya habia
Predestinado un angel antes de mi nacimiento de
Nombre la llamo Mama para que curar mi
Sufrimiento!

Gracias mama porque desde mi ninez hasta tu vejez
Fuiste el angel que me guio con sus palabras y el
Angel que me cubrio con sus alas!

Que Dios te Bendiga Por Siempre, TE AMO Mama!

Poemas de amor y reflecion con plegraria hacia Dios

Que Es La Vida!

Que es la vida? Acaso es tiempo
Para disfrutarlo con risas y alegrias,
O es tiempo para trabajarlo sin parar!

Que es la vida? Crees que es tiempo
Para derrocharlo al mundo atravez del
Pecado y la destrucion, o es tiempo
Para brindar y ensenar ha otros seres
Humanos el verdadero amor!

Que es la vida? Piensas que es tiempo
Para reprochar o culpar ha alguien
Mas de tu dolor y tus sufrimientos, o
Es tiempo para sobrevivir y vencer
Los obstaculos y dar gracias a Dios
Por lo que estas obteniendo!

Que es la vida? Crees que es el
Famoso DNA que nos hace oir, ver,
Caminar, sentir, escuchar, y respirar, o
Crees que es energia Divina que
Dios nos da, para disfrutar del
Momento y sin causar el mal,
Buscar siempre la felicidad!

El Ultimo Adios (tributo a mi sobrina)

Un adios se reflega en el triste ocaso
Del atardecer cuando revive la noche
Y muere el dia, no ahy algo que se
Pueda hacer!

No hay memoria mas triste cuando el
Diario vivir para la eternidad se ve
Perdido, y las imagines de los que
Amas se borran lentamente en el
Sendero del olvido!

Mas despues del ultimo adios en tu
Diaria soledad tu companera sera la
Desolacion y como Consuelo a tu
Nostalgia tendras de amiga a la
Resignacion!

Y cuando te envuelva la tristeza por
El recuerdo del ser amado que al
Infinito para siempre sea marchado,
Anoraras los momentos de felicidad
Que compartiste a su lado!

Al comtemplar el anocher, la desilucion
Deprimira tu mente, y entenderas que
No ahy dia mas triste al brindarle un adios
Al ser amado y no un hasta siempre!

El Recorrer De La Vida!

Nacimos llorando creciendo en la
Cuna y contemplando el caminar y
El hablar para poder brindar talvez
En la vida la primera caricicia y la
Primera ilucion!

Y sin darse cuenta el tiempo ha
Volado y el primer dia de clase ha
Llegado!

Al sentir de un cariño y un arrullo
Mi ninez eternamente se marchado,
Mas la adolecencia a la vuelta de mi
Vida se asomado!

Entre mochilas y consejos quiza se asomo
La primera ilucion, mis quince
Primaveras me abrigaron, con un
Sentimiento en lo mas profundo
De mi Corazon!

Que Piensas!

Que piensas en el caminar de tu vida y que le cuentas
Al silencio quien es tu mejor amiga!

Que piensas en las noches de desolacion acaso le
Reprochas a la vida por cavalgar los senderos de
Desilucion!

Que piensas en tus dias de tristeza y lamento le das
Gracias al Divino Creador por ser amiga de la felicidad
Y enemiga del sufrimiento!

Que piensas del mundo cuando por tu inocencia te
Aixlas de la verdad, sera que en tu interior ocultas tus
Alegrias o compartes tu infelicidad con la soledad!

A Ti Que Dia A Dia!

A ti que dia a dia vences y te enfrentas al
Dolor por una caricia de amor!

A ti que vistes de ternura tu Corazon, apesar de
Estar envuelto en medio de la decepcion!

A ti que sin importar el diario fatiguar expresas
Un te amo lleno de felicidad!

A ti que tienes el valor de construir una illusion,
Y generas energia atravez de la desilucion!

A ti que en el diario despertar con tus alas de
Dulzura mi suenos ayudas a volar!

A ti te dedico esas frases de amor que eres
La inspiracion de mi Corazon!

No Ahy Razon!

No ahy una razon para sufrir, si en la vida
A todo le sabes sonreir!

No existe una razon para llorar, cuando
De verdad aprendes a amar!

No ahy una excusa para exaltarte, si con
Paciencia aprendes a calmarte!

No tienes porque gritar para mandar, cuando
Ablas siempre con la verdad y sabes respertar!

No ahy porque porque avergonzarze de la
Realidad, si de la mentira te sabes distanciar!

No tengas miedo enfrentarse al dolor, cuando
Lo que hagas sea hecho con mucho amor!

No pongas en tu vida el letrero de fracasado,
Cuando tus metas y tus suenos por temor se
Vean estancados!

Nunca dudes que eres vencedor, porque envias
Mensajes de flaqueza al ser que en ti creyo!

No temas hablar con la verdad, pero se precavido
Porque a los que amas puedes lastimar!

En Cada Huella de tu Caminar!

En cada huella de tu caminar una
Nueva experiencia a tu vida llegara!

Talvez paso a paso tu alma se vea
Sicatrizada o talvez para la eternidad
Tu vida quede marcada!

Y en el recorrer de tus senderos, tu
Corazon se plasmara de desciluciones o
Quizas de te queiros!

Mas nunca ceses tu recorrido por temor
A las huellas del dolor, al hacerlo
Problablemente jamas conozcas el
Verdadero amor!

Porque en cada huella perdida en el
Silencio del anochecer, encontraras un
Te amo recalcado en al aurora del Nuevo
Amanecer!

Cuando Sientas!

Cuando sientas que tu mundo te
Agoniza, sin encontrar el lucero que
Te pudiera guiar hacia la felicidad,
Mira a tu alrededor y la luz
De la esperanza en un amigo encotraras!

Cuando te sientas emocionalmente caido
Y con el Corazon derrotado, mira
Hacia adelante y a un amigo
Encontraras tendiendote la mano!

Cuando te sientas solitario y
Creas que tu estrella se esta apagando
Levanta tu Mirada en medio de
La oscuridad y miraras que el
Resplandor de mi estrella te estara iluminando!

Cuando te sientas triste y por
Todos despreciado, acuerdate que
Despues de ese abismo se encuentra
Alguien que te quiere y acambio de
Nada su Amistad te ha brindado!

Porque!

Porque buscas la felicidad atravez
Del dinero, cuando sabes que la
Puedes encontrar en un te quiero!

Porque buscas la alegria por medio
De lo material, si tienes mi alma
Llena de amor para amar!

Porque buscas la sonrisa en un
Manique, sabiendo que tu sonrisa
Es parte de la vida y se ha robado
Mi existir!

Para que buscas unas halas de
Oro para poder volar, si tienes
Las mias que te hacen emprender
El viaje de la felicidad!

Me La Pase

Me la pase solo pero acompanado con Dios
Con el silencio y con el murmullo de la noche!

Triste pero contento por la armonia de los arboles!

En calma pero con el bullicio del veinto que me
Acariciaba lo mas profundo de mis sentimiento!

Con ruido pero con tranquilidad en mi alma!

Con movimiento pero con profunda paz en mi
Pensamiento!

Desolado pero sin estar abandonado!

Perdido en el tiempo pero sin desperdiciar el
Momento!

Envuelto entre la nada pero de bondad mi alma
Saciada!

En la oscuridad pero iluminado por la luz de la
Verdad!

Con los hojos cerrados pero mirando! Feliz pero
Lagrimas derramando!

Con dolor pero con mi Corazon repleto de amor!
En medio del frio pero cobijado por el calor!

Sin musica pero con la melodia de los pajaros, y
Sin lujos pero con los paisajes mas hermosos!

Sin comida pero alimentando mi espiritu de amor, paz,
Ternura, dulzura, sabiduria, esperanza, y fe en El
Divino Creador!

Sin agua pero saciando a mi alma de bondad, de
Positivismo, de dicha, de perdon, y de felicidad!

Sin duda fue el major fin de ano que he tenido!

Tu TE Crees Fuerte Y Poderoso!

Tu te crees fuerte y poderoso
Por tener tanto dinero, olvidas
Que lo mas valioso es ser humilde,
Dar amor, y ser sincero!

Tu conquistas al mundo con
Guerras y derramando dolor, pero
Te olvidas de los sentimientos y
De lo que es el verdadero amor!

Tu destruyes al mundo alimentado
Por la avaricia, sin elevar los
Hojos al cielo ni saber como
Brindar una caricia!

Tu te crees valiente eliminando
Vidas inocentes al ordenar la
Destrucion, sin saber lo que eso
Significa y sin tener alma ni
Tampoco Corazon!

Dios Te Dio La Libertad!

Si El Divino Creador le regalo al mundo
La libertad de volar, porque los seres
Humanos las alas nos queremos cortar!

Mas nunca me cortes las halas para
Otros horizontes volar y asi poder mis
Suenos algun dia alcanzar!

Pues al cortarme las alas me encierras
En la jaula del olvido, sin entender
Cuanto puede sufrir el Corazon herido!

Quizas no entiendas que hieres mis
Sentimientos aunque la jaula sea de oro
Encierra un mar de angustia y sufrimientos!

Si me cortas las alas me privas de mi
Libertad, sin darte cuenta que en este mundo
Todos tenemos derecho a la felicidad!

Solo dejame mis alas para emprender el
Vuelo y llegar hasta el paraiso y que puedas
Comprender que El Divino Creador
Este mundo libre lo hizo!

!Dios Que Lo Es Todo!

Eres un Dios que lo tiene y lo
Puede todo convertido en nada,
Eres la semilla que dia a dia
Alimentas al alma!

Eres la magia Divina transformada
En el perdon, donde perdura la
Sabiduria y nace la fuente del
Verdadero Amor!

Eres la plataforma donde se
Funda la fe, la vida, el amor, y
La espernanza, eres el principio y
El fin que da la vida y muerte al
Alma!

Eres eternamente energia espiritual,
Donde se crea un manantial de vida
Y se sepulta para siempre la mentira
Sobreviviendo la verdad!

!"Tributo A Mi Divino Creador"!

Por brindarme alegria atravez de
Una flor y elevarme hasta el cielo
Sin importarte como soy!

Por brindarme la luz para apreciar la
Belleza que resplendence en la anochecer y
Hacer que mis hojos sean la luz del
Que no puede ver!

Por hacer que mi alma brinde amor
Y comparta el perdon, quiero agradecerte
Con estas humildes palabras "Gracias mi
Divino Creador"!

Por haberme regalado lo mas lindo que
Se llama amor le doy Gracias al cielo
Y a ti mi Senor!

Por hacerme peregrino de los momentos
De felicidad, y mostrarme cuando debo
Entregar el amor de Verdad!

Por ser todo convertido en nada y
Regalarme la felicidad cuando mas la
Necesitaba!

Por ser luz en medio del resplandecer
Y ensenarle la verdad a los que no la
Pueden entender, Gracias Divino
Creador por tu existir, por ser la
Plataforma de mi vivir!

!"Tributo A Mi Divino Creador"!

Gracias Mi Divino Creador!

Gracias Divino Creador por el amor,
Que le diste a mi Corazon, y por
Alimentar en mi ser una ilucion!

Gracias por brindarle a mi vida un
Momento de paz, y saciar a mi alma
De dicha y felicidad!

Gracias por iluminar mi sendero con tu
Lindo resplandecer, por regalarle a mi
Espiritu un poco de tu querer!

Gracias por formarme un paraiso libre
Del dolor, y por pintar mi cielo de otro
Color!

Gracias Mi Dios!

Gracias mi Dios por brindarle a mi ser
La felicidad que nunca habia sentido!

Gracias mi Dios por haber hecho que
Mi alma tuviera esa ilucion que jamas
Habia vivido!

Gracias mi Dios porque atraves de mis
Hojos disfrute el paraiso del anochecer!

Gracias mi Dios por ensenarme la riqueza
De la naturaleza y porque sin apreciarlas
No hubiera podido la humildad conocer!

Tributo A La Guadalupana!

En un mundo de amargura y desilucion
Has sido la fuente de la fe, la alegria, y
La felicidad de mi Corazon!

Aun sin estar presente, con un destello de
Esperanza, sembraste en mi alma la bonanza
Del amor, donde florecen sentimientos de
Te quieros con reflejos de passion!

Necesitando un calido abrigo lleno de ternura
Y sin pedirte nada, todo me lo diste atravez
Del calor que expresa la majia de tu Mirada!

Callada en el vacio del silencio que expreso
Tu interior, con una tierna sonrisa
Aliviaste las heridas que dejo un desamor!

Fuente De Fe!
(Virgen De Guadalupe)

Siempre como fuente de compasion de
Paz, interna saciaste a mi Corazon!

Ayer como manantial de humildad,
Eternamente a mi alma empapaste
De bondad!

Hoy como tierra de perdon, no
Fermentas la semilla del dolor!

Mas como un lucero de fe, con tus
Destellos en la esperanza nos haces
Creer!

Siendo el sinonimo de paz, como una luz
En medio de la oscuridad, a mi vida
Llenas de serenidad!

Como humilde peregrino, cuando las
Tinieblas oscurecen mi destino, con
Reflejo de tu luz iluminaste mi camino!

Y como eden de devocion, en tu jardin
Florecen rosas de bendicion!

Pues como venia bendita, en tu manto
Puro bordado del escudo de ternura y
Sinceridad, nos protejes del orgullo, la
Sobervia, y la maldad!

Sintiendolo como majia divina aunque
Mi alma camine en medio de la tristeza
Y la soledad, tu la cubres en el nido de
Tu alegria y tu felicidad!

Cuando me acaricias con tus petalos de
Amor, de mi ser limpias la desilucion y
Curas mi dolor!

El frio de mi interior, lo mitigas con lo
Calido de tu Corazon!